11,10,

MAUDRICHS
NEUZEITLICHE DIÄTKÜCHE
Heft 26

Diät bei Erkrankung der Bauchspeicheldrüse

von
Univ.-Professor Primarius Dr. HEINZ DITTRICH
ehem. Ärztlicher Leiter des **Ambulatorium Süd**
der Wiener Gebietskrankenkasse für Arbeiter und Angestellte
und
EVA GSTALTNER
Diätassistentin

2003

WILHELM MAUDRICH VERLAG / WIEN—MÜNCHEN—BERN

Gestaltung des Umschlages: Felix Medlitsch, Wien

Filmsatz und Offsetdruck: Ferdinand Berger & Söhne Gesellschaft m. b. H.,
3580 Horn, Wiener Straße 80

ISBN 3 85175 736 X

Vorwort

Seit Erscheinen der letzten Auflage dieser Broschüre sind wie auf vielen Gebieten der Inneren Medizin wesentliche Neuerungen hinzugekommen, doch liegt das Hauptgewicht vorwiegend auf technischem Gebiet. Die Diagnostik jeder Art hat staunenswerte Fortschritte gemacht und die Operationen haben nach Art und Umfang Erfolge erzielt, die noch vor wenigen Jahren unmöglich schienen. Dagegen hat die Behandlung im engeren, alltäglichen Sinne des Wortes und vor allem auch die gegebenenfalls jahrelange geduldige Betreuung chronisch Leidender nur mäßige Änderungen und Verbesserungen aufzuweisen. Wir haben heute ein entscheidend besseres Verständnis vieler Ursachen der Beschwerden und Schmerzen unserer Patienten, aber wir müssen immer wieder bedauernd zur Kenntnis nehmen, daß eine einmal durch eine Entzündung oder sonstige Ursache verlorengegangene Funktion eines Organes genau so wenig ersetzt werden kann, wie ein Körperteil, der operativ entfernt werden mußte. Hier kann man nur, allerdings unter Einbeziehung moderner wissenschaftlicher Erkenntnisse und Methoden, auf dem jetzt zu besprechenden Gebiet der Verdauungsvorgänge nach Möglichkeiten der Umgehung oder Vermeidung des gestörten Vorganges suchen.

Am Beispiel der internistischen Erkrankungen der Bauchspeicheldrüse läßt sich diese Möglichkeit recht gut demonstrieren und die wesentlichen Grundsätze sind aus der sorgfältigen Beobachtung der Patienten seit vielen Jahren bekannt. Dabei zeigt sich, daß auch Patienten, bei denen mit Hilfe der modernen chirurgischen Techniken größere Teile der Bauchspeicheldrüse entfernt werden mußten, ein verhältnismäßig „normales" Leben führen können, auch wenn, gewisse Einschränkungen unvermeidbar sind, beziehungsweise eingehalten werden müssen. **Entscheidend ist und bleibt dabei die richtige und sinnvolle Ernährung**, wobei allerdings die älteren, ziemlich starren Grundsätze viele Änderungen, Ergänzungen und auch Erleichterungen gefunden haben. Dem besseren Verständnis des kranken Menschen einerseits und der damit verbundenen Erleichterung der Zusammenarbeit mit dem behandelnden Arzt andererseits mögen die folgenden Ausführungen dienen. In der Ausdrucksweise haben wir uns dabei weiterhin um Allgemeinverständnis bemüht.

Univ.-Prof. Dr. Heinz Dittrich

Medizinische Einleitung

Die Bauchspeicheldrüse, das Pankreas, ist ein Organ, mit dem die Medizin sehr lange Zeit nichts Rechtes anzufangen wußte und – wie das in solchen Fällen zu sein pflegt – es wurden über die Bedeutung die seltsamsten Ideen und Meinungen verbreitet. Der aus dem Griechischen abgeleitete Name bedeutet, daß an dem Organ „alles Fleisch“ ist und das ist es, was den alten Anatomen aufgefallen war. Wenn man bei der Sektion einen Schnitt durch das Organ legt, ist eine sehr einheitlich strukturierte, gleichmäßige Schnittfläche zu sehen, was in der Anatomie eigentlich ziemlich ungewöhnlich ist. Dabei liegt das Pankreas auffallend „versteckt“ an der Hinterseite der Bauchhöhle im mittleren oberen Bereich und nach vorne zu liegen teils der Magen, teils der Dünndarm darüber. Für den Arzt bedeutet dies, daß kein ausreichend sicherer Tastbefund wie bei Leber, Milz oder anderen Organen erhoben werden kann, und die allgemeine Diagnostik ist dadurch sehr erschwert.

Das Organ besitzt einen Ausführungsgang, der im Zwölffingerdarm neben oder mit dem Gallengang mündet sowie ein mäßig verzweigtes System von Kanälen und schon daraus mußte der Schluß gezogen werden, daß eine Substanz in den Darm abgesondert wird. Man erkannte sie relativ bald als eine Flüssigkeit mit sehr intensiven Verdauungseigenschaften. Heute wissen wir, daß mit Hilfe des Pankreassekretes die drei Hauptbestandteile der Nahrung Eiweiß, Fett und Kohlenhydrate bis in ihre Grundbestandteile (Aminosäuren, Fettsäuren und Zucker) zerlegt werden. Dies ist nötig, weil sie der Körper nur in dieser Form aufnehmen kann, um sie dann in der für ihn erforderlichen Art wieder zusammenzusetzen. Vereinfacht ausgedrückt, geschieht dies mit Hilfe von Fermenten (auch Enzyme genannt), die als Proteinasen, Lipasen und Amylasen bezeichnet werden. Selbstverständlich handelt es sich um einen sehr komplexen Vorgang, der vielen weiteren Einflüssen, die nicht unmittelbar mit der Bauchspeicheldrüse zu tun haben, unterliegt.

Neben diesen allmählich herangereiften Kenntnissen war schon seit langer Zeit bekannt, daß das Pankreas in irgendeiner Weise mit der Zuckerkrankheit zu tun haben muß, aber erst 1920 gelang der sichere Beweis dafür: Der von Banting und Best gewonnene Extrakt aus Bauchspeicheldrüsen enthielt eine die Zuckerkrankheit beseitigende Substanz, die in weiterer Folge als Insulin bezeichnet wurde. Hier allerdings interessiert uns die Verdauungsleistung des Organes und diese hat mit dem Hormon so gut wie nichts zu tun.

Unter den *Erkrankungen des Pankreas* ist als weitaus wichtigste die akute Entzündung der Bauchspeicheldrüse, die *aktue Pankreatitis* zu nennen. Es handelt sich dabei um einen plötzlich einsetzenden Zerfallsprozeß, der häufig mit einem Gallensteinleiden in Zusammenhang steht. Vor allem kleinere Gallensteine können aus der Gallenblase in den Gallengang gelangen, der mit dem Pankreasgang zusammen in den Zwölffingerdarm mündet und können beim Ausgang steckenbleiben. Die Folge ist ein Aufstau der vorhandenen Säfte, die schon vorhin genannten Verdauungsenzyme werden aktiviert, die Bauchspeicheldrüse beginnt sich selbst zu verdauen und das Organ löst sich auf. Obwohl verschiedene Behandlungsmöglichkeiten und vor allem operative Techniken existieren, ist der Zustand stets als sehr bedrohlich und lebensgefährlich zu bezeichnen. Dies ist der Grund, warum man vor allem bei kleinen Steinen, die beweglich sind, zur Gallenblasenentfernung raten muß.

Hat der Patient das akute Stadium überwunden, kann es zu einer *chronischen Erkrankungsform* kommen.

Allgemeine Folge für den Patienten ist eine Verminderung der Abgabe von Verdauungsfermenten und damit eine mehr oder minder nachhaltige Störung der Verdauungstätigkeit. Vor allem die Fettverdauung ist dadurch betroffen, und es werden charakteristische fetthaltige Stühle entleert. Nach jahrelangem Verlauf kann die Bauchspeicheldrüse ihre Funktion so gut wie völlig einstellen und die Folge ist eine schwerste Beeinträchtigung der Nahrungsaufnahme mit Abmagerung und körperlichem Verfall. Leichte Erkrankungsformen kommen relativ häufig vor, insbesondere bei einem Steinleiden der Gallenblase.

Das gleiche Krankheitsbild der *chronischen Pankreatitis* entsteht auch durch anderweitige Schädigungen, unter denen der chronische Alkoholkonsum die bei weitem häufigste Ursache ist. Speziell in diesen Fällen kann es zu Verkalkungen in der Bauchspeicheldrüse kommen, die oft genug mit intensiven, schlecht beeinflußbaren Schmerzen einhergehen. Bei *schweren Unfällen* mit einem heftigen Stoß auf den Oberbauch kann es ebenfalls zu intensiven Erscheinungen von seiten des Pankreas kommen, die meist unter dem Bild einer akuten Pankreatitis ablaufen, beziehungsweise mit dieser identisch sind. Die Folge ist stets ein Ausfall der Organfunktion unterschiedlichen Ausmaßes mit dem Erfordernis einer ständigen diätetischen Behandlung.

Seltenere, aber grundsätzlich mögliche Ursachen einer chronischen Pankreasveränderung können narbig bedingte Abflußbehinderungen im Gallengang sein. Auch langdauernde entzündliche Darmveränderungen werden als Ursachen für Schädigungen der Bauchspeicheldrüse genannt.

Für die Behandlung und insbesondere die Diätetik sind die Ursachen allerdings von untergeordneter Bedeutung.

Der *Krebs der Bauchspeicheldrüse* ist keine Seltenheit und die diagnostischen Schwierigkeiten bringen es mit sich, daß er kaum jemals frühzeitig erkannt werden kann. Daher ist eine erfolgreiche, radikale Operation, die grundsätzlich möglich, wenn auch sehr schwer ist, außerordentlich selten.

Wichtig erscheint dabei der neuerdings geäußerte Hinweis, daß auch intensives Rauchen eine Ursache für ein Pankreaskarzinom sein kann, womit sich die Möglichkeit einer entsprechenden Vorbeugung anbietet.

Die *Diagnostik der Erkrankungen der Bauchspeicheldrüse* bereitet allen Fortschritten zum Trotz große Schwierigkeiten. Der Tastbefund ist unsicher und die Beschwerden sind oft vieldeutig. Die Möglichkeit chemischer Blutuntersuchungen ist zwar verbessert worden, aber in der Aussage immer noch unsicher. Die Untersuchung mit radioaktiven Isotopen ist ebenfalls unbefriedigend. Die Röntgenuntersuchung bringt vor allem bei der chronischen verkalkenden Pankreatitis einen klaren Befund. Viele und wesentliche Aussagen sind heute mit der Ultraschalluntersuchung möglich, die noch dazu den Vorteil hat, keine Belastung für den Patienten darzustellen und je nach Bedarf, jederzeit wiederholt werden zu können. Die Computertomographie stellt einen bedeutenden, aber technisch aufwendigen Fortschritt dar. Von wesentlicher Bedeutung ist schließlich die endoskopische Darstellung des Pakreasganges gewoden. Dabei wird unter Sicht mit einem Endoskop vom Zwölffingerdarm aus ein Schlauch in den Pankreasgang eingeführt und dieser mit einem Kontrastmittel röntgenologisch sichtbar dargestellt. Diese Untersuchung bietet unter Umständen durch die Beseitigung von Abflußbehinderungen auch therapeutische Möglichkeiten, doch ist diese Methode spezialisierten Untersuchungsstellen vorbehalten.

Da das wesentliche Kennzeichen der Pankreaserkrankung eine Störung bzw. Verminderung der Fermentabgabe ist, lag es nahe, daß man sich um die Erfassung dieses Vorganges mit Hilfe von Stuhluntersuchungen intensiv bemüht hat, aber auch hier sind die Resultate für den praktischen Alltag wenig ergiebig. Vor allem die Erfassung der anfänglichen bzw. leichteren oder mittleren Störungen bereitet kaum überwindbare Schwierigkeiten. Der technisch apparative Aufwand, der dafür nötig ist, ist ungewöhnlich groß und dennoch ist die Aussage von relativ geringer Bedeutung. Insbesondere ergeben sich dadurch keine speziellen und von Fall zu Fall unterschiedlichen therapeutischen Möglichkeiten. Diese negativen Hinweise wurden deswegen so ausführlich dargestellt, weil auch der Laie bzw.

der Patient die Schwierigkeiten kennen muß, mit denen sein Arzt konfrontiert ist, wenn der Verdacht auf eine Affektion der Bauchspeicheldrüse gegeben ist.

Die *Behandlung* der Erkrankungen des Pankreas muß sich damit abfinden, daß es keine Methode gibt, die in der Lage wäre, die Organfunktion wiederherzustellen (obwohl es Präparate gibt, die dies von sich behaupten). Auch wenn nach einem teilweisen Ausfall durch Entzündung oder Operation eine gewisse Besserung der Verdauungstätigkeit bzw. der Verträglichkeit von Nahrungsmitteln eintritt, bleibt die Toleranzbreite sehr gering. Schon leichte Fehler in der Ernährung führen zu Erscheinungen.

Die größten Schwierigkeiten bestehen bei der *Fettverdauung* und die diätetische Behandlung hat darauf besonders Rücksicht zu nehmen. Die Fettmenge muß – individuell angepaßt – gering sein und auf die Qualität ist größter Wert zu legen. Namen oder Gattungsbezeichnungen besagen erstaunlich wenig und es ist schon aus diesem Grunde nicht möglich, bestimmte Hinweise zu geben. Man muß es im Krankheitsfall (leider!) ausprobieren, was und wo man einkaufen darf.

Die Verwendung sogenannter mittelkettiger Triglyzeride als eine Art „Fettersatz" ist an spezielle medizinische Voraussetzungen gebunden und die Frage einer Behandlung durch einen einschlägigen Spezialisten.

Das *Eiweiß* bereitet geringere Schwierigkeiten, doch ist auch hier nicht zu vergessen, daß die Qualität des Fleisches sehr stark von der Fütterung des Tieres abhängt – und über diese weiß man beim Einkauf gar nichts! Ganz allgemein kann man sagen, daß den weißen Fleischsorten, insbesondere dem Hühnerfleisch der Vorzug zu geben ist. Kalbfleisch enthält bekanntlich relativ viel Fett. In der Zubereitung ist dem Grillen oder Kochen der Vorzug zu geben, Braten und Bakken sind – zumindest bei schweren Erkrankungsformen – kaum geeignet.

Die *Kohlenhydratverdauung* ist weitaus am wenigsten gestört. Damit sind Mehlprodukte aller Art meist gut verträglich. Von den Brotsorten wird man allerdings den weißen den Vorzug geben und gegebenenfalls durch Toasten den Geschmack verbessern.

Geschmackszusätze aller Art und somit auch *Gewürze* sind mit Zurückhaltung zu verwenden, aber es ist nicht nötig, sie völlig zu vermeiden. (Bezüglich der Einzelheiten wird auf den Rezeptteil verwiesen.)

Abschließend eine kurze allgemeine Bemerkung noch zu den vielfältigen zahlreichen *Verdauungsfermentpräparaten*. Bis auf einige wenige waren sie fast alle im Bereich der fettverdauenden Aktivität unterdosiert. Das hat sich in den letzten Jahren bedeutend gebessert. Bei einem wesentlichen oder völligen Ausfall des Pankreas ist es aber dennoch erforderlich, zu jeder, also auch einer kleinen Mahlzeit, 2–3 und mehr Tabletten, Dragees oder Kapseln zu geben, sodaß eine

Tagesdosis von 10 und mehr keine Ausnahme ist. Für den Durchschnittsfall wird man allerdings mit 1–2 Tabletten das Auslangen finden.

Je sorgfältiger und umsichtiger die diätetische Behandlung durchgeführt wird und je mehr es der Patient oder auch seine Familie lernt, sich auf die Gegebenheiten einzustellen und zu beschränken, umso leichter wird man die Erscheinungen beherrschen. Im weitesten Sinne des Wortes ist Diät stets das, was der Patient verträgt und der individuelle Spielraum sehr groß. Daher ist die aktive Mitarbeit und die vernünftige Selbstbeobachtung von sehr großer Bedeutung und in diesem Sinne sind die gegebenen Hinweise und nachfolgenden Rezepte zu verstehen: als Basis, von der man mit eigener Initiative mit neu gewonnenem Verständnis des Krankheitsvorganges weiterarbeitet.

Allgemeine Hinweise für die Diät bei Pankreaserkrankungen

Nicht selten besteht beim Patienten eine gewisse Appetitlosigkeit und darum erscheint es notwendig, kleine, schmackhafte Gerichte zuzubereiten.

Die im Rezeptteil angeführten Speisen berücksichtigen vor allem die Fettreduktion, die bei der Behandlung von Pankreatitiden im Vordergrund steht. Die Fettangaben sind bei den einzelnen Speisen entsprechend knapp gehalten. Ist es notwendig, über einen längeren Zeitabschnitt eine *fleischfreie* Ernährungsweise einzuhalten, legt man das Hauptgewicht auf die Verabreichung von verschiedenen Gemüsespeisen, leicht bekömmlichen Kartoffelgerichten, Saucen, Puddings oder Aufläufen.

Berücksichtigen Sie ferner folgende Grundsätze:

1. Die Speisen sind zu jeder Mahlzeit frisch zuzubereiten; das sogenannte „Restl-Essen" ist verboten!

2. Man nehme jede Mahlzeit in Ruhe ein!

3. Jede Mahlzeit beeinhalte nur kleine Quantitäten, dafür sorge man für Nahrungsmittel erster Qualität!

4. Geschmacklos zubereitetes Diät-Essen wird niemals die Eßlust im Patienten wecken, daher verwende man reichlich heimische Küchenkräuter zur Geschmacksverfeinerung der verschiedensten Speisen!

5. Zur ausreichenden Versorgung mit Vitaminen sollen täglich frische Obst- und Gemüsepreßsäfte verabreicht werden!

6. Gemüse, ausgezeichnet durch Gehalt an Vitaminen und Mineralsalzen, sollen täglich im Kostplan aufscheinen! Im Rahmen der erlaubten Diätvorschriften werden die Gemüse leicht gedämpft, je nach Erkrankungsgrad püriert oder klein geschnitten verabreicht. Zum Legieren verwende man Maizena, denn bei der Herstellung von der sogenannten Einbrenn entstehen Röstprodukte und diese sind **strikte** zu meiden!

7. Bei der Zubereitung von Fleisch-, Fisch- und Geflügelgerichten lege man besonderes Augenmerk auf Menge, Sorte und Kochform! Fein passiert, roh geschabt je nach Verträglichkeit sowie als Ragout, Pudding, Auflauf oder in gekochter Form werden diese verabreicht. Leicht gedünstet oder gegrillt können Fleischspeisen in der erweiterten Kostform gegeben werden.

8. Die Kartoffel, reich an Vit. C und Kalium, findet sinnvoll ihre Anwendung in der Gemüse-Breikost. In pürierter Form, als Kartoffelschnee, gut gekochte Salzkartoffel werden die Gerichte abwechselnd in den Wochenspeiseplan einbezogen. Für die berufstätige Hausfrau, die eventuell zusätzlich einen Diätpatienten zu betreuen hat, bewährt sich die schnelle Zubereitung von Kartoffelpüree aus fertigen Produkten.

9. Die **erweiterte Kostform** gestattet zur Auflockerung der Speisenfolge die Verabreichung von **Blatt-, Roh-** sowie **blanchierten Tomatensalaten.** Auf die Herstellung milder und fettarmer, eventuell fettloser Salatsaucen ist zu achten.

10. **Kompotte, Fruchtgelees** sowie **Obstmus** zählen zu den beliebten, kleinen Desserts bzw. sie gelangen vielfach zur Verabreichung von Zwischenmahlzeiten und erweisen sich auch außerdem als gut bekömmlich für eine Spätmahlzeit.

Im erweiterten Kostplan werden die verschiedenen **Puddings, Aufläufe, Flammeris, Fruchtkaltschalen, Cremes** usw. nach der eintönigen Breikost eine willkommene Abwechslung bieten. Sie stellen in der Breikost mitunter eine selbständige Mahlzeit dar, während sie in der Dauerdiät als leichter Nachtisch das „Diät-Dinner“ beenden.

Fettmodifiziertes Kochen durch moderne Kochgeräte

Speziell bei Pankreaserkrankungen ist auf eine deutliche Fettreduzierung zu achten. Moderne Kochmethoden sind in der Diätküche von heute nicht mehr wegzudenken. Erfolgt die Zubereitung von Speisen ohne jede Fettzutat in Druckkochtöpfen, wird eine volle Geschmackserhaltung der Nahrung gesichert ohne nennenswerte, nachteilige Folgen auf die Nahrungssubstanz. Der Verlust an Vit. C ist geringer und die Kochzeiten werden um 50—70% verringert. Auch die Entwicklung von Reformpfannen hat Fortschritte gebracht. Fleisch und andere Nahrungsmittel, die üblicherweise nur unter Verwendung von Fett in Pfannen zubereitet werden konnten, lassen sich ohne jegliche Fettzugabe in solchen modernen Geschirren schmackhaft herstellen. Die sorgfältige Zubereitungsart gewährleistet eine gute Bekömmlichkeit der Speisen. Werden vom Arzt kleine Fettmengen gestattet, muß in jedem Falle ein **Überhitzen** der Fette vermieden werden!

Einige Tips für das richtige Kochen von Gemüse zum Vitaminschutz der Nahrung

1. Man nehme nur soviel an Wasser zum Dünsten, als benötigt wird!
2. Gemüse soll mit kochendem, nicht mit kaltem Wasser zugesetzt werden!
3. Gemüse soll nur so kurz wie möglich gekocht oder erhitzt werden!
4. Das Kochwasser der Gemüse verwende man für Suppen oder zum Aufgießen von verschiedenen Saucen!
5. Gemüse soll frisch zubereitet werden, man lasse es nicht welken!
6. Tiefgekühlte Nahrungsmittel halten ausgezeichnet ihren Vitamingehalt, doch müssen sie rasch aufgetaut und danach nicht liegengelassen werden.
7. Töpfe sollen verschlossen gehalten werden, ein Umrühren ist zu vermeiden! (Bei Drucktöpfen ist dies ohnehin nicht möglich).

Tageskostpläne

1. Frühstück: 1 Tasse Hagebuttentee mit Dextropur und Zitrone
50 g Knäckebrot mit 5 g Diät-Margarine
50 g Magertopfen

2. Frühstück: 1 kleiner Teller Haferbrei

Mittags:	1 Tasse Weißbrotsuppe
	Spinat-Soufflé
	150 g Kartoffelbrei
	Apfelschnee
Jause:	1 Tasse gemischte Kompottfrüchte
	3 St. Biskotten
Abends:	2 Schnitten Toastbrot
	30 g Gervais
	50 g Schnittlauchtopfen
	1 Tasse Fruchttee mit Zucker und Zitrone
	1 kleine Banane

1. Frühstück:	1 Tasse koffeinfreier Bohnenkaffee mit Milch
	2 Stück altbackenes Brioche-Gebäck
	50 g Fruchtgelee
2. Frühstück:	2 Scheiben Zwieback
	50 g Apfel-Aufstrich
	150 g Mager-Joghurt
Mittags:	1 Glas Karotten-Mix
	Gemüse-Reisauflauf
	1 kleine Salatplatte
	1 Schale Vanillesauce mit Schnee-Eiern
Jause:	1 Stück feiner Topfenauflauf
	1 Schale Zitronentee
Abends:	50 g altbackenes Leinsamenbrot
	60 g Kalbfleischgelee
	50 g Rettichtopfen
	2 kleine, geschälte Tomaten
	1 Becher saure Milch

1. Frühstück:	1 Teller warmer Reisbrei
	1 Tasse Ovomaltine
2. Frühstück:	2 Stück Gemüsebrötchen
	1 Tasse Malventee mit Zitrone
Mittags:	1 Glas Sanddorn-Vitamingetränk
	2 Stück pikante Topfenknödel
	passierte Spargelsauce
	1 Tasse Schaumspeise

Jause:	1 Glas Orangen-Milch
	1—2 Stück Biskuit
Abends:	70 g mageres, gekochtes Rindfleisch
	150 g Sellerie-Püree
	1 Schale Fruchttee
	1 geschälter, mürber Apfel

1. Frühstück:	1 Tasse Kräutertee mit Zitrone
	1—2 Stück altbackenes Mürbgebäck
	50 g Jam
2. Frühstück:	1 kleiner Teller Selleriecremesuppe
	1 Schnitte altbackenes Weißbrot
Mittags:	Apfel-Biskuitauflauf
	1 Teller gemischte Kompottfrüchte
Jause:	1 Glas Stärkungssaft
	1—2 Schnitten fettarmer, gerührter Kuchen
Abends:	50 g altbackenes Mischbrot
	30 g Magerkäse
	50 g kaltes, mageres Kalbfleisch
	1 kleiner Salatteller
	1 Schale Fruchttee

1. Frühstück:	1 Tasse lichter Kakao mit Dextropur
	2 Scheiben Toastbrot
	5 g Pflanzenmargarine als Streichfett
	2 Teelöffel Fruchtgelee
2. Frühstück:	1 kleiner Teller Zwiebackbrei
Mittags:	1 Tasse Haferflockensuppe mit Kräutern
	Reispudding mit Kalbfleischfülle
	1 Teller Karfiol-Bananensalat
	Sanddorn-Kaltschale
Jause:	1 Glas Buttermilch-Frappé
	3—5 Stück fettarme Kekse
Abends:	2 Stück Bröselknöderl
	Petersiliensauce
	1 Schale Fruchttee mit Traubenzucker und Zitrone
	1 Schale warmes Apfelmus

1. Frühstück:	1 Tasse Ovomaltine mit Dextropur
	2 Schnitten Toastbrot

	5 g Butter als Streichfett
	50 g Honig
2. Frühstück:	1 Tasse Maizena-Brei
Mittags:	150 g Seezungenfilet auf englische Art
	100 g Kartoffelpüree
	100 g gedünstete Karottenscheibchen
	1 Tasse Johannisbeergelee
Jause:	1 Glas Joghurtcreme
Abends:	50 g Knäckebrot
	80 g Topfenaufstrich
	50 g kaltes, mageres Hühnerfleisch
	1 Tasse lichter russischer Tee mit Traubenzucker und Grapefruitsaft

1. Frühstück:	1 Tasse Pfefferminztee mit Traubenzucker und Zitrone
	3 Scheiben Zwieback
	30 g Gervais
	50 g Fruchtgelee
2. Frühstück:	1 kleiner Teller Himbeer-Müsli
	1 Schnitte Biskuit
Mittags:	1 Glas frisch gepreßter Gemüsesaft
	100 g Kalbfleischhaschee
	100 g gekochter Reis
	1 Tasse Apfelmus
Jause:	1 Tasse Malzkaffee
	1 Schnitte fettarmer Teekuchen
Abends:	40 g altbackenes Mischbrot
	5 g Pflanzenmargarine als Streichfett
	60 g Magerkäse
	1 kleiner Teller Karottensalat
	1 Tasse Fruchttee mit Dextropur und Zitrone

Rezeptteil

Breie

Beim akuten Krankheitsbild wird nach den sogenannten Fastentagen der Kostaufbau sorgfältig mit einer **breiigen Ernährungsweise** begonnen. Je nach Verträglichkeit und vor allem, um die Breikost abwechslungsreicher zu gestalten, werden zusätzlich verdünnte Gemüse- und Fruchtsäfte, verschlagene Bananen und geriebene Äpfel in kleiner Menge angeboten.

Haferbrei, gesalzen (1 Port.)

40 g Haferflocken, ¼ l Gemüsebouillon oder entfettete Kalbsknochensuppe, 1 Prise Salz.

Die Haferflocken werden in die kochende Flüssigkeit eingerührt, kurz aufwallen und ausquellen gelassen. Der Haferbrei wird mild gesalzen und serviert.

Haferbrei, süß (1 Port.)

30 g Haferflocken, 200 g Milch (fettarm), 1 Prise Zimt, Saft von ½ Zitrone, 1 mittlere Orange, Dextropur nach Bedarf.

Die Milch wird mit einer Spur Zimt zum Kochen gebracht, die Haferflocken eingerührt und kurz aufwallen gelassen. Der Haferbrei wird ausquellen gelassen, mit Zitronensaft und Dextropur verfeinert und vor dem Servieren mit dem Saft von einer Orange geschmacklich vollendet.

Maizena-Bananenspeise (2 Port.)

40 g Maizena, 1 Päckchen Vanillinzucker, 50 g Zucker, ¼ l Milch, ¼ l Wasser, 1 Eiklar, 1 Kaffeelöffel Zucker, 1 mittlere Banane.

Maizena, Zucker, Vanillinzucker werden in etwas kalter Milch versprudelt, in die restliche inzwischen kochende Milch-Wasserflüssigkeit eingerührt und nochmals kurz aufkochen gelassen. Eiklar wird mit Zucker zu sehr steifem Schnee geschlagen und unter die noch heiße Breimasse gezogen. In kleine Glasschalen abgefüllt, wird der Brei mit Bananenscheibchen verziert.

Es können aber auch andere Kompottfrüchte verwendet werden.

Maizenabrei (1 Port.)

1½ gestrichene Eßlöffel Maizena, 1 gestrichener Eßlöffel Dextropur, 1/8 l Milch, 1/8 l Wasser.

Maizena wird mit Dextropur in genügend kalter Flüssigkeit versprudelt. Die restliche Milch wird kochend gemacht, Maizena eingeführt und kurz aufwallen gelassen. Zur geschmacklichen Verfeinerung dienen frische Fruchtpreßsäfte bzw. geschälte, klein geschnittene Kompottfrüchte.

Reisbrei (1 Port.)

1/8 l Wasser, 1/8 l Milch, 2 gestrichene Eßlöffel Zucker oder Dextropur, 60 g Reis, Zucker und Zimt.

Milch, Wasser und Zucker werden zum Kochen gebracht, der gewaschene Reis dazugegeben und auf kleiner Flamme unter Rühren kurz gar werden gelassen. Mit Zimt und Zucker bestreut, wird der Brei serviert.

Keks- oder Zwiebackbrei (1 Port.)

200 g Wasser, 40 g Keks oder Zwieback, 70 g geschabter Apfel.

Die aufgeweichten Kekse oder Zwieback werden aufgekocht und passiert. Der geschabte Apfel wird mit etwas Zitronensaft dem Brei beigemengt und gleich serviert.

Obstbrei (1 Port.)

1 geschälter, mürber Apfel, 1 kleine Banane, 1—2 Schnitten Biskuit, 2—3 Eßlöffel Orangensaft, Dextropur nach Geschmack.

Der zerkleinerte Apfel und die gewürfelte Banane werden mit den anderen Zutaten im Mixer püriert und in Glasschalen serviert.

Suppen

Haferschleimsuppe (1 Port.)

200 g entfettete Gemüsebouillon, 25 g Hafermark, 2 Eßlöffel Wasser, Salz.

Die Flüssigkeit wird zum Kochen gebracht, Hafermark in Wasser versprudelt dazugegeben und die Suppe kurz kochen gelassen. Mit etwas Salz wird geschmacklich verfeinert.

Selleriecremesuppe (1 Port.)

½ kleine Sellerieknolle, $^1/_8$ l fettarme Milch, 10 g Maizena, Petersilie.

Klein geschnitten wird die geputzte Sellerieknolle in wenig Wasser weichgedämpft. Maizena wird mit kalter Milch verquirlt, zum passierten Selleriebrei gegeben und kurz aufwallen gelassen. Mit gehackter Petersilie wird die Suppe geschmacklich verfeinert.

Tomatensuppe (1 Port.)

250 g Tomaten, 1 gestrichener Eßlöffel Maizena, 100 g Gemüsewasser, 30 g Wasser, Salz, Zucker, Zitronensaft.

Die gewaschenen und geviertelten Tomaten werden in Gemüsewasser gedämpft und durch ein Sieb passiert. Anschließend wird der Tomatenbrei zum Kochen gebracht, mit angerührtem Maizena gebunden und mit Salz, Zucker und Zitronensaft geschmacklich vollendet.

Spargelcremesuppe (1 Port.)

$^1/_8$ l Spargelwasser, $^1/_8$ l gewässerte Vollmilch, 100—120 g Spargel, 2 gestrichene Teelöffel Maizena, Zitronensaft, Salz, 1 Prise Zucker, feinst gehackte Petersilie oder Schnittlauch.

Der geputzte, klein geschnittene Spargel wird in wenig Wasser gegart. Maizena wird in etwas kalter Flüssigkeit glatt gerührt, die restliche angegebene Flüssigkeitsmenge zum Kochen gebracht, Maizena einlaufen und kurz kochen gelassen. Der passierte Spargelbrei wird darunter gemengt, die Suppe mit Zitronensaft sowie Zucker und Salz abgeschmeckt und zuletzt Petersilie oder Schnittlauch darüber gestreut.

Weißbrotsuppe (1 Port.)

50 g entrindetes Weißbrot, ¼ l fettarme Kalbsknochensuppe, ½ Ei, Muskatnuß, Salz, Petersilie.

Das zerkleinerte Weißbrot wird in der klaren Suppe kurz gekocht, mit der Schneerute gut verschlagen und das halbe versprudelte Ei daruntergemengt. Mit Salz, geriebener Muskatnuß sowie gehackter Petersilie wird die Suppe geschmacklich verfeinert.

Kalbsknochenbouillon mit Eischnee (1 Port.)

¼ l fertige, milde, vor allem fettarme Kalbsknochensuppe wird zum Kochen gebracht, 1 Eiweiß zu steifem Schnee geschlagen und mit einem kleinen Löffel Nockerln ausgestochen und in die Suppe eingelegt. Bei kleiner Flamme läßt man zugedeckt die Nockerln etwa 5—7 Minuten ziehen.

Haferflockensuppe mit Kräutern (1 Port.)

¼ l fettarme Gemüsebrühe, 20 g Haferflocken, Salz, Liebstöckel, Petersilie.

Die Gemüsebrühe wird mit Salz zum Kochen gebracht, die Haferflocken eingestreut und alles etwa 2 Minuten kochen gelassen. Mit gehackten Kräutern wird die Suppe geschmacklich verfeinert und falls vom Arzt erlaubt, kann mit ½ Eidotter zusätzlich legiert werden.

Passierte Karottensuppe (1 Port.)

100 g Karotten, 10 g kleine Teigwaren, ¼ l entfettete Kalbsknochensuppe, Salz, Petersilie.

Die gereinigten, zerkleinerten Karotten werden in wenig Wasser weichgedämpft und passiert. Die Suppenteigwaren werden getrennt in Wasser gekocht und danach mit dem Karottenbrei der fertigen Kalbsknochensuppe beigemengt. Mit Salz und feinst gehackter Petersilie wird der Geschmack vollendet.

Sind Fettzulagen bereits gestattet, so kann 5 g Butter kurz vor dem Auftragen der Suppe beigemengt werden.

Auch Zwischenmahlzeiten können abwechslungsreich sein

Gemüsebrötchen (2 Port.)

120 g Magertopfen, 1—2 Eßlöffel Joghurt, Salz, Schnittlauch, gekochte Spargelspitzen, gekochte Karottenscheibchen.

Der passierte Topfen wird mit Joghurt innig vermischt und gewürzt. Weißbrotscheiben werden damit bestrichen und mit Spargel- sowie Karottenstückchen verziert.

Pikanter Rettichtopfen (1 Port.)

70 g Magertopfen, ca. 1 Eßlöffel Wasser, etwas Milch, 30 g Rettich, Schnittlauch.

Der passierte Topfen wird mit Milch und Wasser sämig gemacht, der sehr fein geriebene Rettich mit dem Schnittlauch dazugegeben, gut vermischt und in Glasschälchen serviert.

Kräuteraufstrich (1 Port.)

70 g Magertopfen, etwa 1 Eßlöffel Milch, Petersilie, Borretsch, Salz, Zitronensaft; einige gekochte Karottenscheibchen.

Der passierte Topfen wird mit Milch sämig gemacht und mit den gehackten Kräutern sowie Zitronensaft geschmacklich verfeinert. Toastscheiben werden damit bestrichen und Karottenscheibchen dienen zur Garnierung. Mit Schnittlauch bestreut, werden die Kräuterbrötchen serviert.

Kalbfleischaufstrich (1 Port.)

70 g gekochtes, mageres Kalbfleisch, 50 g Magertopfen, etwa 1 Eßlöffel Milch, Salz, Petersilie, Zitronensaft.

Das feinst gehackte Kalbfleisch wird mit dem passierten Topfen und Milch gut vermischt und mit den übrigen Zutaten gewürzt.

Schinkenaufstrich (1 Port.)

70 g Magertopfen, 1 Eßlöffel Milch, 40 g magerer Kochschinken, Salz, Schnittlauch.

Der sämig gerührte Topfen wird mit dem gehackten Schinken innig vermengt und mit den übrigen Zutaten gewürzt.

Johannisbeer-Topfenaufstrich (1 Port.)

70 g Magertopfen, 2 Teelöffel Zitronensaft, 2 Teelöffel Johannisbeergelee.

Magertopfen wird mit Zitronensaft abgeschmeckt, das Fruchtgelee dazugegeben und glatt gerührt.

Sellerie-Topfenaufstrich (1 Port.)

70 g Magertopfen, 50 g Sellerie, etwas Milch, 1 Teelöffel Zitronensaft, ½—1 Teelöffel Sanddornsaft.

Die feinst geraffelte Sellerie wird mit dem sämig gerührten Topfen vermischt und die übrigen Zutaten dazugegeben. Alles wird nochmals innig vermischt und Weißbrotschnitten damit bestrichen.

Apfel-Aufstrich (1 Port.)

70 g Magertopfen, ½ kleiner Apfel, etwas Milch, 1 gehäufter Teelöffel Dextropur, etwas Zitronensaft.

Der geschälte, feinst geriebene Apfel wird zu dem sämig gerührten

Topfen vermengt und die übrigen Zutaten dazu verrührt. Knäckebrotscheiben werden mit dem Aufstrich belegt.

Kalbfleischgelee (1 Port.)

60 g Kalbfleisch, 1 kleine Karotte, ca. 100 g Wasser, Salz, Zitronensaft, 1 Prise Zucker, 1—2 Blatt weiße Gelatine.

Das Kalbfleisch wird mit der geputzten Karotte zusammen in wenig Wasser weichgedämpft. Beides wird nach dem Erkalten feinst geschnitten und in eine ausgespülte Glasform gelegt. Die durchgesiebte Brühe wird mit etwas Salz, Zitronensaft und Süßstoff abgeschmeckt und mit der eingeweichten, warm aufgelösten Gelatine verrührt. Die Flüssigkeit wird über das vorbereitete Fleisch und Karotte gegeben und steif werden gelassen.

Verschiedene Hauptgerichte

Kartoffelauflauf mit Schinken (1 Port.)

150 g gekochte, passierte Kartoffel, 5 g Butter, 1 Ei, Salz, Muskatnuß, 1 Eßlöffel Milch, 40 g magerer Schinken.

Butter und Eigelb werden schaumig verrührt, die kalten, passierten Kartoffeln, Milch, Salz, etwas Muskatnuß, der steif geschlagene Schnee sowie der feinst gehackte Schinken dazugemengt . In einer gebutterten, feuerfesten Schüssel wird dieses Gericht ungefähr 20 Minuten in mittelheißem Rohr gebacken.

Spaghetti-Schinkenauflauf (2 Port.)

80 g Spaghetti, 10 g Butter, 50 g gekochter, feinst gehackter Schinken, 1 Ei, Salz, Muskatnuß, Petersilie.

Die Spaghetti werden in Salzwasser körnig weich gekocht; inzwischen wird ein Abtrieb aus Butter, Dotter, Schinken, Muskatnuß und feinst gehackter Petersilie bereitet. Die fertigen Spaghetti werden unter den Abtrieb gemengt, zuletzt der steif geschlagene Schnee in die Masse vorsichtig untergriffen und diese in eine ausgefettete feuerfeste Form geschichtet. Bei Mittelhitze wird der Auflauf im Rohr hell gebacken.

Reispudding mit Kalbfleischfülle (1 Port.)

30 g Reis, 5—10 g Butter, 1 Ei, 60 g faschiertes Kalbfleisch, Salz, Muskatnuß, 1—2 Eßlöffel Milch, Petersilie.

Der Reis wird in Salzwasser wie üblich gekocht, abgeseiht sowie mit kaltem Wasser abgespült. Die schaumig gerührte Butter wird mit dem Eigelb und dem erkalteten Reis vermengt, mit Salz und etwas geriebener Muskatnuß gewürzt, der steif geschlagene Schnee durchgezogen, die Hälfte der Masse in eine gebutterte, mit Bröseln bestreute Dunstform gefüllt, die vorbereitete Fülle darüber gegeben, mit dem restlichen Reis bedeckt und 35 Minuten im Wasserbad gekocht.

Für die Fülle: Das Kalbfleisch, fein faschiert wird mit etwas Milch vermischt und mit gehackter Petersilie gewürzt.

Makkaronipudding

100 g Makkaroni werden in leicht gesalzenem Wasser weichgekocht. Eine Puddingform wird mit Butter und Bröseln ausgelegt und die fertigen Nudeln eingefüllt. $^1/_8$ Liter saure Milch wird mit einem halben Eidotter verquirlt und der steifgeschlagene Schnee von einem Eiweiß vorsichtig untermengt. Diese Masse wird über die Nudeln gegossen. Eine Stunde ca. wird der Pudding im Wasserbad gekocht.

Spinatknöderl (2—3 Port.)

400 g Spinat, 150 g trockener Topfen, ca. 60 g Mehl, 20 g Butter, 1 Ei, Salz, etwas Muskatnuß, geriebener Parmesan.

Der geputzte, gut gewaschene Spinat wird in Salzwasser gekocht und passiert. Der durch ein Sieb passierte Topfen wird mit dem Ei, geriebenem Parmesan sowie etwas Salz und Muskatnuß in die Spinatmasse verrührt. Mit Mehl wird die Konsistenz fester gemacht. Es werden kleine Knödel geformt und auf einen bemehlten Teller gelegt. Inzwischen wird Salzwasser zum Kochen gebracht, die Knödel eingelegt und bei sehr schwacher Flamme einige Minuten gekocht. Mittels eines Siebes werden die fertigen Knöderln in eine Schüssel gegeben und mit etwas zerlassener Butter (wenn vom Arzt erlaubt) übergossen.

Dazu wird als Beilage empfohlen: helle Einmachsauce.

Topfengrießknödel (3 Port.)

60 g Butter, 2 Dotter, 250 g Topfen, 100 g Kindergrieß, Salz, Schnee von 2 Eiklar.

Man vermengt die Zutaten, läßt sie etwa eine Stunde stehen, dann formt man kleine Knödel, legt sie in kochendes Salzwasser ein, läßt sie 5 Minuten kochen und dann 5 Minuten ziehen.

Semmelpudding (1 Port.)

80 g Weißbrot, $^1/_8$ Liter Milch, Salz, Petersilie, ½ Dotter, 1 Eiweiß, 25 g Brösel, 5 g Butter.

Die Semmeln oder Weißbrot werden in der Milch eingeweicht und passiert. Ein Abtrieb wird aus dem halben Eidotter und Butter bereitet, die Semmelmasse dazugegeben, mit den Bröseln zur richtigen Konsistenz verarbeitet und zuletzt der steifgeschlagene Eiweißschnee untergriffen. Mit fein gehackter Petersilie und etwas Salz wird gewürzt und die Masse in eine mit Butter und Bröseln ausgelegte Puddingform eingefüllt. Im Wasserbad wird der Pudding ca. ½ Stunde gekocht.

Fleisch- und Fischgerichte

Kalbfleischhaschee (1 Port.)

100 g faschiertes, mageres Kalbfleisch, 200 g Gemüsewasser, 1 gestrichener Eßlöffel Maizena, Salz, Lorbeerblatt, 1—2 Eßlöffel Joghurt, Petersilie.

Das Fleisch wird unter Zusatz von etwas Gemüsebrühe und Lorbeerblatt gedämpft. Maizena wird mit der restlichen Flüssigkeit kalt angerührt, in die Fleischsauce eingerührt und kurz aufwallen gelassen. Mit Joghurt, Salz sowie gehackter Petersilie wird die Hascheespeise geschmacklich vollendet.

Kalbschnitzel mit Ananasscheiben garniert (1 Port.)

120 g Kalbschnitzel werden mild gesalzen, mit 3 g Öl bestrichen und im vorgeheizten Grill langsam gar werden gelassen. Kleine Ananasscheiben (Dosenfrucht) werden einige Zeit in Zitronensaft gelegt, dann abgetropft und das servierbereite Kalbschnitzel damit garniert.

Als Beilage wird gekochter Reis empfohlen.

Sellerie-Kalbfleisch (2 Port.)

250 g mageres Kalbfleisch, ½ Sellerieknolle, etwa 20 g Maizena, ca. 1 Eßlöffel saure Milch, Salz, Petersilie, Gemüsebrühe.

Das in kleinste Würfel geschnittene Kalbfleisch wird mit der stiftelig geschnittenen Sellerie in wenig Gemüsebrühe gedämpft. Der Wurzelfond wird passiert, Maizena mit sauerer Milch verquirlt und in den Fleischsaft eingerührt. Das Kalblfeisch wird in der Sauce gut verkocht und mit Salz sowie gehackter Petersilie geschmacklich abgerundet.

Huhn-Eintopfgericht (1 Port.)

¼ l entfettete Hühnerbrühe, 130 g Tiefkühl-Suppengemüse, 3 kleine Kartoffeln, 120 g mageres Hühnerfleisch (gedünstet), Salz, Petersilie.

Die Brühe wird zum Kochen gebracht, das Suppengemüse und die sehr klein geschnittenen Kartoffeln dazugegeben, mild gesalzen und etwa 15 Minuten gar dämpfen gelassen. Das sehr fein geschnittene Hühnerfleisch wird dem Eintopf beigemengt und kurz ziehen gelassen. Mit gehackter Petersilie bestreut, wird das Gericht serviert.

Geflügelhaschee mit Karottenscheibchen (1 Port.)

120 g mageres Hühnerfleisch werden zusammen mit etwas klein geschnittenem Wurzelwerk in wenig Salzwasser gedämpft. Das feinst gehackte Hühnerfleisch wird mit etwas Suppe aufgegossen und etwa 1 Teelöffel kalt angerührtes Maizena der Fleischsauce untermengt. Nach kurzem Aufwallen wird mit etwas Salz, Zitronensaft sowie gehackter Petersilie geschmacklich verfeinert. Etwa 100 g gewaschene, in Scheibchen geschnittene Karotten werden weich gedämpft und zu dem Geflügelhaschee gereicht.

Einmachkalbfleisch (1 Port.)

100 g mageres Kalbfleisch, 10 g Maizena, 1—1½ Eßlöffel saure Milch, einige Tropfen Zitronensaft, Salz, entfettete Kalbsknochensuppe.

Das in kleine Stückchen geteilte Kalbfleisch wird unter Zusatz von wenig Kalbsknochensuppe gedämpft. Maizena wird mit saurer Milch versprudelt, dem Fleischsaft beigemengt, kurz verkochen gelassen und mit Zitronensaft sowie etwas Salz geschmacklich verfeinert.

Bei erweiterter Kostform können einige in etwas Butter angedünstete Bananenscheibchen dazu gereicht werden.

Kalbfleischknöderl in heller Sauce (1 Port.)

100 g Kalbfleisch, 20 g Weißbrot, ½ Ei, Salz, Petersilie, Zitronensaft, etwas Maizena, Milch.

Das faschierte Kalbfleisch wird mit dem geweichten, ausgedrückten und passierten Weißbrot, Ei, Salz und gehackter Petersilie vermischt, fest durchgeknetet und kleine Knöderln geformt. Diese werden in eine mild gesalzene, leicht wallende Kalbsknochensuppe (¼ l) eingelegt und etwa 10 Minuten bei kleiner Flamme zugedeckt ziehen gelassen. Je nach gewünschter Konsistenz wird der Fleischsaft mit Maizena gebunden, mit einigen Tropfen Zitronensaft sowie etwas Milch geschmacklich verfeinert.

Zungenragout (2 Port.)

1 Kalbszunge, 80 g tiefgekühltes Suppengrün, 1 Eigelb, einige Löffel Milch, Salz, Zitronensaft.

Die Zunge wird in kaltem Wasser zugesetzt, das Suppengrün dazugegeben, etwas gesalzen und weichkochen gelassen. Nach dem Garwerden wird die Zunge in kaltes Wasser gelegt und abgehäutet, die Brühe durchgesiebt. Etwas mehr als $^1/_8$ l Brühe wird mit Eigelb und Milch legiert, mit Zitronensaft abgeschmeckt und die vorbereiteten Zungenscheibchen damit übergossen.

Kalbssteak mit Spargelspitzen (1 Port.)

120 g mageres Kalbssteak wird mild gesalzen und in einer Grillpfanne ohne Fettzusatz von beiden Seiten gedünstet. 200 g Spargelspitzen (aus der Dose) werden leicht erwärmt, mit gehackter Petersilie sowie etwas Dille vermischt und zu dem Kalbssteak gereicht.

Gedünstetes Rindfleisch mit Karotten (1 Port.)

120 g mageres Rindfleisch, 5 g Öl, 2 mittlere Karotten, 1 Eßlöffel Joghurt, Salz, Edelhefe, 1 Eßlöffel Mehl, Zitronensaft, $^1/_4$ l Wasser, Petersilie.

Das in sehr kleine Würfel geschnittene Rindfleisch wird in Öl und Wasser halbweich gedünstet, die feingeschnittenen Karotten dazugegeben und fertig gedämpft. Mit Mehl überstreut, mit etwas Brühe aufgefüllt, wird die Fleischspeise gut durchgekocht. Mit Edelhefe und etwas Salz wird geschmacklich verfeinert und zum Schluß mit Joghurt, Zitronensaft sowie gehackter Petersilie das Gericht gewürzt.

Fisch auf andalusische Art (1 Port.)

150 g Seefischfilet, 2 kleine Tomaten, 5 g Öl, etwas mildes Tomatenmark, 1 Zitronenscheibe, Kräutersalz, geriebener Käse.

Der gewaschene Fisch wird leicht gesalzen, mit Zitronensaft beträufelt und mit Tomatenmark bestrichen. Die abgezogenen Tomaten werden in Scheiben geschnitten, auf das Fischfilet gelegt und mit Parmesan überstreut. Eine feuerfeste Glasform wird mit etwas Öl ausgepinselt, das Fischfilet hineingelegt und der Boden mit etwas Flüssigkeit bedeckt. Zugedeckt wird das Fischgericht etwa 20 Minuten garen gelassen.

Kabeljaufilet auf Pariser Art (2 Port.)

300 g Fischfilets, 5 g Mazola-Öl, 1—2 Eßlöffel saure Milch, 30 g magerer Schinken, 30 g Champignons, Zitronensaft, Petersilie, Salz.

Die Filetstücke werden in etwas Öl auf beiden Seiten leicht angedünstet, die Champignons in Wasser gedämpft und fein gehackt. Die saure Milch wird mit feinst gehacktem Schinken sowie den Champignons vermischt, mit Zitronensaft, Petersilie sowie etwas Salz geschmacklich verfeinert und diese Masse über die Fischstücke gegossen. Im Rohr wird die Fischspeise kurz überdünstet.

Dazu kann Kartoffelschnee gereicht werden.

Seezungenfilet auf englische Art (1 Port.)

150 g Seezunge, 3 Eßlöffel Milch, Salz, Zitronensaft.

Das Filetstück wird gereinigt, schwach gesalzen, mit Zitronensaft beträufelt auf einen Teller gelegt, 3 Eßlöffel Milch darüber gegossen und mit einem Deckel geschlossen. Auf einen Topf kochenden Wassers gestellt, wird das Filet in etwa 30 Minuten servierbereit gemacht.

Gedünstete Kabeljauröllchen (1 Port.)

150 g Fischfilets, Zitronensaft, Salz, 5 g Butter, $^1/_8$ l entfettete Brühe, 2 Eßlöffel Milch, 1 Teelöffel Maizena, Petersilie.

Die gewaschenen Fischfilets werden gesalzen, mit Zitronensaft beträufelt und mit gehackter Petersilie bestreut. Eingerollt und mit einem Zahnstocher zusammengehalten, werden diese in einer Kasserolle mit wenig Butter dünsten gelassen. Mit Suppe aufgegossen, wird die Fischspeise gar werden gelassen. Maizena mit etwas Milch versprudelt, wird dem Fischsaft beigegeben und mit Petersilie sowie etwas Zitronensaft der Geschmack verfeinert.

Kräuter-Schollenfilet (1 Port.)

150 g Scholle, 1 g Öl, Petersilie, Dille, 2 g Butter, Zitronensaft, Salz.

Das gesäuberte Fischfilet wird gesalzen, mit Zitronensaft gesäuert und mit etwas Öl bepinselt. Im Grill läßt man den Fisch gar werden. Die feingewiegten Kräuter werden in wenig Butter geschwenkt und die Scholle damit belegt.

Dazu werden Salzkartoffeln gereicht.

Heilbuttschnitte mit Dille (1 Port.)

150 g Heilbutt, Salz, Zitronensaft, Wurzelwerk, 1 Lorbeerblatt, ½ kleine Zwiebel, gehackte Dille, 2 g Butter, 2 kleine Tomaten.

Das gewaschene Fischfilet wird gesalzen, mit Zitronensaft gesäuert und kurze Zeit stehen gelassen. Kleingeschnittenes Wurzelwerk wird mit Lorbeerblatt, geschälter Zwiebel in kaltem Wasser zugestellt, mit Salz und Zitronensaft mild gewürzt und der Fisch im Sud auf kleiner Flamme ziehen gelassen. Die zerlassene Butter wird mit gehackter Dille vermischt und auf der fertigen Fischschnitte angerichtet. Die abgezogenen Tomaten werden in wenig Wasser gedünstet und der Fisch damit garniert.

Dorschfilet mit Tomaten (1 Port.)

150 g Dorschfilet, 100 g Tomaten, 1 Eßlöffel saure Milch, 2 g Öl, Salz, Petersilie, Schnittlauch, Zitronensaft, Edelhefe.

Das gesäuberte Fischfilet wird gesalzen und mit Zitronensaft beträufelt. Man läßt dieses einige Zeit ziehen. Eine feuerfeste Glasform wird mit wenig Fett ausgelegt, das Dorschfilet mit den abgezogenen in Scheiben geschnittenen Tomaten hineingeschichtet und mit den gehackten Kräutern bestreut. Saure Milch wird mit etwas Edelhefe verrührt, über das Fischfilet gegossen und im Ofen gedünstet.

Beilagen und Saucen

Kartoffelschnee (1 Port.)

200 g Kartoffeln, 2—3 Eßlöffel Milch, Salz, 1 Eiklar.

Die geschälten, gekochten Kartoffeln werden durch eine Kartoffelpresse gedrückt, die heiße Milch und etwas Salz dazu verrührt und zuletzt wird der steife Schnee von einem Eiweiß locker unter den Kartoffelbrei gezogen.

Sellerie-Püree (2 Port.)

1 kleinere Sellerieknolle, Saft von ½ Zitrone, 150 g geschälte, kleingeschnittene Kartoffeln, 1 schwacher Eßlöffel Mehl, 5 g Butter, Salz, geriebene Muskatnuß.

Etwa ½ l Salzwasser wird zum Kochen gebracht, mit Zitronensaft gesäuert und die kleingeschnittene Sellerie mit den Kartoffeln dazugegeben. Das Mehl wird eingerührt und alles solange kochen gelassen, bis das Gemüse weich ist. Das abgegossene Gemüse wird durch ein Sieb passiert, Butter eingerührt und mit Muskatnuß der Geschmack vollendet. Ist das Püree zu dick geworden, so kann mit einigen Löffeln Milch die Speise verlängert werden.

Zu magerem gekochtem Rindfleisch schmeckt diese Beilage vorzüglich.

Pikante Topfenknödel (1 Port.)

80 g Magertopfen, 1 Ei, 5 g Öl, 1 Eßlöffel Grieß, 1 Eßlöffel Sojamehl, frische Kräuter, Salz.

Der Eidotter wird mit Öl, Topfen, Salz, Grieß und den gehackten Kräutern schaumig gerührt, das Sojamehl dazugegeben und zuletzt der steife Schnee von einem Eiklar vorsichtig untergriffen. Mit einem in kochendes Wasser getauchten Löffel werden kleine Knödel geformt und in kochendes Salzwasser eingelegt. Man läßt diese etwa 15 Minuten ziehen. Mit einem Schöpflöffel werden die Knödel aus dem Sud genommen und zu einer pikanten Sauce gereicht.

Parmesan-Kräuterreis (3 Port.)

150 g roher Reis wird in reichlich Salzwasser bei kleiner Hitze ca. 15 Minuten kochen gelassen. Der gekochte Reis wird abgeseiht, mit reichlich kaltem Wasser übersprudelt und abtropfen gelassen. 5 g Butter wird in einer Kasserolle zerlaufen gelassen, der Reis dazugegeben und 1 kleine Tasse geraffelten Parmesans sowie gehackte Petersilie und Schnittlauch unterzogen. Der Reis wird mit Salz und wenn ärztlicherseits erlaubt, mit etwas Fondor abgeschmeckt und bei kleiner Hitze 5 Minuten durchziehen gelassen.

Nockerl (1 Port.)

100 g Mehl, 5 g Mazola-Öl, ½ Ei, 1 Eßlöffel saure Milch, 1 Eßlöffel Milch, Salz, 3 g Butter.

Die Zutaten werden miteinander vermischt, wenig abgeschlagen und die weiche Teigmasse durch ein Nockerlsieb in wallendes Salzwasser gedrückt. Sobald die Nockerln gar sind, werden sie auf ein Sieb gelegt und kalt abgespült. In einer Kasserolle zerläßt man Butter, vermischt die Nockerln damit und reicht sie als Beilage zu einem Fleischgericht.

Bröselknödel (1 Port.)

40 g Weißbrot, 40 g Brösel, 5 g Butter, 1 Ei, Salz, Petersilie, Milch.

Das in Milch geweichte Weißbrot wird fein faschiert. Aus Butter und Ei wird ein Abtrieb bereitet, das faschierte Weißbrot mit Bröseln, feingehackter Petersilie dazugegeben und mit Salz gewürzt. Es werden kleine Knödel geformt und in Salzwasser gekocht.

Petersiliensauce (2 Port.)

¼ l entfettete Kalbsknochenbrühe, 10 g Maizena, 5 g Butter, gehackte Petersilie, evtl. Zitronensaft, ½ Eidotter, Salz.

Die mit etwas Salz abgeschmeckte Suppe wird zum Kochen gebracht, Maizena mit wenig kalter Flüssigkeit glattgerührt, in die kochende Suppe verquirlt und kurz aufkochen gelassen. Mit Zitronensaft und feinst gehackter Petersilie wird die Sauce abgeschmeckt und mit Butter sowie Eidotter gebunden.

Bei strengem Kostaufbau können sowohl Butter als auch Eidotter weggelassen werden.

Passierte Wurzelsauce (1—2 Port.)

150 g verschiedene Gemüse (Karotten, Sellerie, Petersilienwurzel, Karfiol), 15 g Maizena, 5 g Butter, 2 Eßlöffel saure Milch, Salz, Zitronensaft, grüne Petersilie.

Das geputzte, klein geschnittene Gemüse wird in wenig Salzwasser weichgedünstet und passiert. Maizena wird mit saurer Milch versprudelt, in das fertige Gemüse eingerührt, und kurz verkochen gelassen. Das Gemüse wird auf die gewünschte Konsistenz gebracht, mit Zitronensaft, gehackter Petersilie abgeschmeckt und zuletzt mit Butter vollendet.

Dillsauce (2 Port.)

10—15 g Maizena, $^1/_8$ Liter saure Milch, $^1/_8$ Liter Kalbsknochensuppe, Salz, gehacktes Dillkraut, Zitronensaft.

Maizena wird mit etwas kalter Flüssigkeit glatt gerührt, die Suppe zum Kochen gebracht, Maizena dazugegeben, kurz aufkochen gelassen; sorgsam wird die saure Milch dazugerührt, das gehackte Dillkraut und Zitronensaft hinzugefügt und alles zusammen kurz aufwallen gelassen.

Kräutersauce (1 Port.)

150 g gewässerte Vollmilch, etwa 5 g Maizena, 5 g Öl, Salz, Dille, Kerbel.

Die Milch wird zum Kochen gebracht, das mit etwas Wasser angerührte Maizena dazugegeben und kurz aufwallen gelassen. Die Sauce wird mit etwas Salz und den feinst gehackten Kräutern abgeschmeckt und zuletzt mit Öl verfeinert. Anstatt Dille und Kerbel kann auch feinst gehackte Petersilie genommen werden.

Tomatensauce (2 Port.)

500 g Tomaten, 5 g Butter, Petersilie, $1/2$ Lorbeerblatt, 1 Gewürznelke, Essig, Salz, Zucker, 1 gestrichener Kaffeelöffel Maizena.

Die in Stücke gebrochenen Tomaten werden in Butter mit Petersilie, Lorbeerblatt, Nelke und einigen Löffeln Wasser weichgedünstet und durch ein

Sieb passiert. Das kalt abgerührte Stärkemehl wird dazugegeben, einige Male aufgekocht, mit Salz, Essig, Zucker, eventuell einer Spur Muskatnuß pikant abgeschmeckt.

Passierte Spargelsauce (2 Port.)

$\frac{1}{4}$ l entfettete Kalbsknochensuppe, 10 g Maizena, 5 g Butter, Salz, Zitronensaft, $\frac{1}{2}$ Eidotter, Schnittlauch, etwa 120 g gekochte, passierte Spargelköpfe.

Maizena wird mit etwas kalter Suppe glattgerührt, die restliche Flüssigkeit zum Kochen gebracht, Maizena eingerührt und das Ganze kurz verkochen gelassen. Der passierte Spargel wird in die Grundsauce eingerührt, mit Salz, etwas Zitronensaft und Schnittlauch die Sauce gewürzt und zur Hebung des Geschmackes dienen Eidotter und Butter.

Bei sehr strenger Kostverordnung müssen die angegebenen Mengen an Butter und Eidotter weggelassen werden!

Gemüsespeisen in bunter Folge

Kohlrabi-Karottengemüse (2 Port.)

150 g junge Kohlrabis, 150 g Karotten, 5 g Butter, etwas Salz, Petersilie, Edelhefe.

Beide Gemüsesorten werden sorgfältig geputzt und sehr klein geschnitten. In mildem Salzwasser werden die Gemüse gegart. Mit gehackter Petersilie und frischer Butter geschmacklich aufgebessert sowie mit etwas Edelhefe bestreut, wird die Speise serviert.

Gedünsteter Kochsalat mit Parmesan (1 Port.)

Etwa 300 g Kochsalat werden von den Außenblättern befreit, gewaschen, der Länge nach halbiert und in Salzwasser gekocht. Sehr fein gehackt, wird das Gemüse in 5 g Butter geschwenkt, mit geriebener Muskatnuß und Edelhefe gewürzt sowie mit Parmesan bestreut, zu Tisch gebracht.

Spinat-Soufflé (1 Port.)

2 mittlere Tomaten, 5 g Öl, Salz, Thymian; 150 g tiefgekühlter Spinat, 1 Ei, Salz, Muskatnuß, 50 g faschiertes, mageres Rindfleisch, etwa $\frac{1}{2}$ Eßlöffel Brösel.

In eine feuerfeste mit Öl ausgestrichene Glasform werden die abgezogenen Tomatenscheiben gelegt, mild gesalzen und mit etwas Thymian gewürzt. Der aufgetaute Spinat wird mit Eidotter, Salz, etwas geriebener Muskatnuß sowie faschiertem Rindfleisch und Bröseln innig vermischt. Eiklar wird zu steifem Schnee geschlagen und vorsichtig unter die Masse gezogen. Der Spinatbrei wird über die Tomaten gegossen und im vorgeheizten Grill oder Backofen etwa ½ Stunde überbacken.

Junge Karotten, gedünstet (1 Port.)

150 g Karotten, 5 g Butter, etwas Salz, grüne Petersilie.

Die geputzten, gewaschenen Karotten werden stiftelig geschnitten und in wenig Salzwasser gedämpft. Butter wird mit feingehackter Petersilie in einer Kasserolle zerlassen und die fertigen Karotten darin geschwenkt.

Eingemachte, passierte Kohlrabis (2 Port.)

400 g Kohlrabis, 5 g Butter, gut ein $^{1}/_{8}$ l entfettete Kalbsknochenbrühe, Salz, 10 g Maizena, etwas Milch, Muskatnuß, Petersilie, evtl. Zucker.

Die geschälten, klein geschnittenen Kohlrabis werden in etwas Butter angedämpft, gesalzen, mit Suppe abgelöscht und weich gekocht. Das Gemüse wird passiert, Maizena mit kalter Milch versprudelt, in den Gemüsebrei eingerührt und kurz aufkochen gelassen. Zur Vollendung des Geschmackes dienen geriebene Muskatnuß, feinst gehackte Petersilie sowie etwas Zucker.

Karottenpüree (1 Port.)

150 g—200 g junge Karotten werden geschält, in kleine Stücke zerteilt und in Wasser oder Gemüsebrühe weich gedämpft. Das Gemüse wird passiert, mit etwas Salz, Zucker sowie geriebener Muskatnuß gewürzt und vor dem Servieren mit 5 g Butter versehen. Mit feinst gehackter Petersilie überstreut, wird das fertige Gemüsepüree serviert.

Spargelpüree (1 Port.)

150 g geschälter Spargel wird in kleine Stücke zerteilt und in leicht gesalzenem Wasser gegart. 1 Teelöffel Maizena wird mit etwas kalter Milch verquirlt, in den passierten Spargelbrei eingerührt, kurz aufkochen gelassen und zur Vollendung des Geschmackes dienen Salz, Zitronensaft und falls vom Arzt gestattet, etwas frische Butter.

Spinatgemüse, natur (1 Port.)

300 g Spinatblätter werden gut gewaschen und in mildem Salzwasser gegart. Feinst gehackt wird das Gemüse mit geriebener Muskatnuß und etwas Edelhefe gewürzt und mit 1—2 Eßlöffeln Rahm geschmacklich verfeinert.

Gemüse-Reisauflauf (1 Port.)

80 g tiefgekühltes Suppengemüse, 1 Eßlöffel Reis, 60 g gekochter, magerer Schinken, 1 Scheibe Schnittkäse (20% Fett), Butterflöckchen.

Das Suppengemüse wird mit dem rohen Reis und einer Tasse Wasser zusammen in eine feuerfeste Glasform gegeben und etwa 15—20 Minuten in das vorgeheizte Backrohr gestellt. Sobald die Flüssigkeit eingekocht ist, wird zwischendurch etwas Wasser nachgefüllt. Mit Salz wird mild gewürzt, der feinst geschnittene Schinken und einige Butterflöckchen dazugegeben und der Schnittkäse obenauf gelegt. Die Gemüsespeise wird nochmals kurz im Rohr überbacken.

Karfiolauflauf (2 Port.)

250 g Karfiol, etwas gesalzenes Wasser, 1 Eigelb, 2 Eiklar, 25 g Grieß, 130 g Magertopfen, Salz, Muskatnuß, 5 g Pflanzenmargarine, 15 g geriebener Parmesan.

Der geputzte und in kleine Röschen geteilte Karfiol wird in wenig Wasser kernig weich gedämpft. Eidotter wird mit Salz, Muskatnuß, Grieß und Magertopfen gut vermengt. Der steife Schnee von 2 Eiklar wird locker unterhoben. In eine ausgefettete Glasform werden die Karfiolröschen und die Masse gegeben, mit Parmesan bestreut und bei mittlerer Hitze etwa ½ Stunde im Rohr überbacken.

Salate

Endiviensalat mit Joghurt (2 Port.)

1 Häuptel Endiviensalat, ½ Glas Joghurt, Salz, Zucker, Zitronensaft, gewiegte Kräuter.

Der geputzte und gewaschene Salat wird fein streifig geschnitten und mit folgender Sauce mariniert: Joghurt wird mit Zitronensaft, Salz und Zucker gut abgeschmeckt, mit reichlich gehackten Kräutern vermischt und diese Salatsauce über den Salat gegossen.

Karfiol-Bananensalat (1 Port.)

150 g Karfiol, 1 mittlere Banane, 2 Eßlöffel Zitronensaft, 1 Eßlöffel Wasser, 5 g Öl, Dextropur nach Geschmack.

Die abgezogene Banane wird klein geschnitten, der Karfiol kernig weich gekocht. Aus Zitronensaft, Öl, Wasser und Dextropur wird eine pikante Marinade bereitet, die vorbereiteten Früchte hinein gegeben und gut durchziehen gelassen.

Gemischter Salatteller (1 Port.)

1 mittlerer Kohlrabi, 1 mürber Apfel, 1 kleine Karotte, 2 Eßlöffel Joghurt, etwas Zitronensaft, Zucker nach Geschmack.

Der geschälte und klein geschnittene Kohlrabi wird mit der ebenfalls zerkleinerten Karotte kernig weich gedämpft. Aus Joghurt, Zitronensaft und Zucker wird eine pikante Marinade bereitet, der geschälte, entkernte Apfel auf einer feinen Glasreibe hineingeraffelt und zuletzt das fertige Gemüse dazugegeben. Einige Zeit durchbeizen lassen.

Karotten-Spargelsalat (2 Port.)

100 g Karotten, 150 g Spargel, ¼ l Gemüsebrühe, etwas Milch, 1 gehäufter Teelöffel Maizena, 5 g Mazola-Öl, Saft von einer Zitrone, 2 Eßlöffel Wasser, Salz, 1 Prise Zucker, verschiedene Kräuter.

Die geputzten, klein geschnittenen Karotten-Spargelstücke werden in kochendem Salzwasser gegart. Die Milch wird zum Kochen gebracht, das kalt angerührte Maizena hineinversprudelt, kurz aufwallen sowie auskühlen gelassen.

Aus Öl, Zitronensaft, Wasser, Salz und etwas Zucker wird eine Marinade bereitet. Der erkaltete Brei wird dazugerührt und das abgetropfte Gemüse hineingegeben. Der Salat wird gut vermischt, durchziehen gelassen und mit gehackten Kräutern serviert.

Makkaroni-Salat (1 Port.)

30 g Makkaroni, 50 g Tomate, 50 g Äpfel, Zitronensaft, Salz, Kräuter, 5 g Öl.

Aus Zitronensaft, Öl, Salz und gehackten Kräutern wird eine pikante Marinade bereitet. Die Makkaroni werden in Salzwasser abgekocht und anschließend klein geschnitten. Die abgezogene, geschnittene Tomate wird mit dem geschälten, ebenfalls kleingeschnittenen Apfel zusammen mit den Teigwaren in der Salatsauce vermengt und einige Zeit durchbeizen gelassen.

Pikanter Geflügelsalat (2 Port.)

150 g frischgekochter Spargel, 150 g gekochtes Hühnerfleisch, 1 kleiner mürber Apfel, 1 Scheibe Ananas.

Für die Marinade: 1 kleine Zitrone, Salz, etwas Zucker, Schnittlauch.

Der Spargel sowie das Hühnerfleisch werden in kleine Würfel geschnitten, der geschälte Apfel und die Ananasscheibe werden ebenfalls in kleinere Stücke geteilt und alle Zutaten in der vorbereiteten Marinade kurz durchziehen gelassen. Auf grünen Salatblättern wird der Salat angerichtet und sofort serviert.

Tomaten-Bananensalat (1 Port.)

2 mittlere Tomaten, 1 Banane, 10 g Öl, Saft von einer Zitrone, je nach Geschmack etwa 30 g Dextropur, 2 Eßlöffel Wasser.

Die gewaschenen, blanchierten Tomaten werden in kleine Würfel geschnitten und mit der in kleine Scheiben geschnittenen, vorbereiteten Banane vermischt. Mit Mazola-Öl werden die Früchte beträufelt und der Salat mit Zitronensaft, Wasser und Dextropur abgeschmeckt.

Feiner Gemüsesalat (1 Port.)

50 g Karotten, 100 g Spargelspitzen, 60 g junge Schnittbohnen, 5 g Mazola-Öl, 1—2 Eßlöffel Wasser, Zitronensaft, Salz, Dextropur, gehackte Küchenkräuter.

Die fein geschnittenen Gemüsesorten werden in wenig Salzwasser gegart. Aus Öl, Wasser, Zitronensaft, Salz sowie Dextropur wird eine pikante Marinade bereitet und das Gemüse damit vermengt. Man läßt den Salat gut durchbeizen und bestreut diesen kurz vor dem Servieren mit feinst gehackten Kräutern.

Orientalischer Salat (1 Port.)

70 g Orangen ohne Schale, 50 g gekochte, kleingeschnittene Champignons, 50 g gekochter Spargel, 2 Eßlöffel Topfen, 1 Eßlöffel Milch, 1 Teelöffel mildes Tomatenmark, Dextropur nach Geschmack.

Die Orange wird klein geschnitten, mit den Champignons und Spargelstückchen vermischt und auf ein Salatblatt gehäuft. Aus den übrigen Zutaten wird eine pikante Marinade bereitet und über den Salat gegossen.

Auch der Nachtisch kann Köstliches für den Gaumen bieten

Apfelschnee (1 Port.)

120 g fertiges Apfelpüree, Zitronensaft und Dextropur nach Bedarf, 1 Blatt Gelatine, 1 Eischnee.

Die erweichte Gelatine wird in dem noch heißen Apfelbrei aufgelöst, mit Zitronensaft und Dextropur abgeschmeckt, auskühlen gelassen und vor dem Stokken mit dem steifen Eischnee vorsichtig untermengt.

Grapefruit-Schnee (1 Port.)

100 g Grapefruitsaft (frisch gepreßt), 150 g Buttermilch, 1 Eischnee, Muskatnuß, Dextropur nach Geschmack.

Die Buttermilch wird mit dem Grapefruitsaft gut verschlagen, mit Dextropur gesüßt und der steife Eischnee darunter verrührt. In Cocktailschalen abgefüllt, mit geriebener Muskatnuß bestreut, wird der Nachtisch serviert.

Frucht-Püree mit Schlagschaum (2—3 Port.)

400 g tiefgekühlte Himbeeren, 50 g Zucker, 1 Paket Schlagschaum.

Die Beerenfrüchte werden auf kleiner Flamme unter Rühren mit dem Zucker zerfallen gelassen. Durch ein Sieb passiert, wird das Himbeermus zugedeckt im Kühlschrank aufbewahrt. Vor dem Servieren wird der Schlagschaum nach Gebrauchsanweisung fertiggestellt, die pürierten Früchte vorsichtig unterhoben und in hohe Gläser gefüllt. Mit Biskotten verziert, wird der Nachtisch sofort serviert.

Pfirsich-Becher (2 Port.)

2 mittlere Pfirsiche, Zitronensaft, Vanillinzucker.

$^1/_8$ l Wasser, $^1/_8$ l Milch, 40 g Zucker oder Dextropur, 30 g Maizena, 1 Eiweiß, 4 Eßlöffel Wasser.

Die Pfirsiche werden mit kochendem Wasser übergossen und enthäutet. Halbiert und entkernt werden diese in kochendem Wasser unter Zusatz von Vanillinzucker und Zitronensaft weichgedämpft. Das Wasser-Milchgemisch wird mit der angegebenen Zuckermenge zum Kochen gebracht, Maizena mit etwas kaltem Wasser angerührt, in die kochende Flüssigkeit verquirlt und kurz aufwallen gelassen. Das zu steifem Schnee geschlagene Eiweiß wird noch warm unter die Creme gezogen, Glasschalen mit den Pfirsichhälften belegt und die fertige Creme darüber gegossen.

Apfel-Biskuitauflauf (2—3 Port.)

2 Eiklar, 1 Eßlöffel Wasser, 50 g Zucker, 2 Dotter, 50 g Maizena, 1 Apfel.
Eiklar werden mit kaltem Wasser zu steifem Schnee geschlagen, Zucker wird darüber geschlagen und die Dotter leicht durchgezogen. Maizena wird darübergesiebt, der geschälte, grob geraffelte Apfel mit Maizena locker untermengt. Die Masse wird in einer gefetteten Auflaufform im vorgeheizten Rohr bei Mittelhitze etwa 20 Minuten goldgelb gebacken.

Himbeer-Müsli (1 Port.)

150 g rohe, passierte Himbeeren werden mit 2 Eßlöffeln in Milch angefeuchteten Haferflocken vermischt. Mit etwas Honig und frisch gepreßten Grapefruitsaft wird das Müsli geschmacklich vollendet und in Glasschalen gefüllt.

Apfel-Becher (1 Port.)

Ein roher, geschälter Apfel wird auf einer Glasreibe geschabt und mit dem Saft einer Orange sowie einer halben Zitrone vermischt. Je nach Bedarf wird mit Dextropur gesüßt. Der steife Schnee von 1 Eiklar wird unter die Fruchtmasse gezogen und mit Weizenkeimen bestreut, wird der erfrischende Nachtisch serviert.

Johannisbeergelee (1 Port.)

$^1/_8$ l roter Johannisbeersaft, 25 g Zucker, 50 ccm Wasser, 2 Blatt Gelatine.
Johannisbeersaft und Zucker werden aufgekocht, die in Wasser eingeweichte und aufgelöste Gelatine wird dazugegeben und vermischt. In Schälchen abgefüllt, wird das Gelee stocken gelassen und kann mit kalorienarmem Schlagschaum verziert, zu Tisch gebracht werden.

Blitzbiskuit

3 Eßlöffel Wasser, 3 Eiklar, 120 g Zucker, Schale von ½ Zitrone, 3 Dotter, 40 g Maizena, 80 g Mehl.
Eiklar wird mit kaltem Wasser zu Schnee geschlagen, dann werden Zucker sowie abgeriebene Zitronenschale dazugegeben und alles weitergeschlagen. Die Dotter werden mit dem Schneebesen vorsichtig daruntergezogen und das mit Maizena gesiebte Mehl locker untermengt. Die Masse wird in eine ausgebutterte und mit Mehl bestaubte Form gefüllt und bei Mittelhitze gebacken.

Schaumspeise (1 Port.)

$^1/_8$ l frisch gepreßter Traubensaft, $\frac{1}{2}$ Ei, 7 g Maizena, Zitronensaft.
Alle Zutaten werden in einem hohen Gefäß gut vermischt. Das Gefäß wird auf einen mit Wasser gefüllten Topf gestellt und alles zum Kochen gebracht. Die Speise wird solange geschlagen, bis eine dickliche Creme entsteht.

Gefüllte Bananen (1 Port.)

2 kleine Bananen werden geschält, halbiert und vorsichtig etwas ausgehöhlt. Passierte, gezuckerte Himbeeren werden mit einigen Weizenkeimen und wenig Joghurt gebunden und in die Bananenhälften eingefüllt.

Sanddorn-Kaltschale (1 Port.)

$\frac{1}{4}$ l Apfelsaft, 4 Eßlöffel Dextropur, 3 Eßlöffel Maizena, 60 ccm Sanddornsaft, ungesüßt.

Apfelsaft und Dextropur werden zum Kochen gebracht und mit angerührtem Maizena gebunden. Der Sanddornsaft wird dazugegeben und die Nachspeise zum Erkalten in kleine Glasschalen gefüllt.

Erdbeergelee (1 Port.)

120 g Erdbeeren, $\frac{1}{4}$ l Wasser, 4 Eßlöffel Dextropur, Zitronensaft, $2\frac{1}{2}$ Blatt Gelatine.

Wasser und Dextropur werden zum Kochen gebracht, die pürierten Erdbeeren dazugegeben und vermischt. Die eingeweichte, aufgelöste Gelatine wird darunter gerührt und alles mit Zitronensaft abgeschmeckt. In Glasschälchen abgefüllt, wird das Dessert stocken gelassen. Evtl. kann mit steifem Eischnee verziert werden.

Gefüllte Äpfel

Je nach gewünschter Portionenzahl werden mürbe Äpfel geschält und das Gehäuse der Äpfel vorsichtig ausgestochen. In gezuckertem Zitronenwasser werden die Äpfel kurz überbrüht und behutsam herausgenommen. Himbeermarmelade wird mit einigen Weizenkeimen innig vermischt und in die ausgehöhlten Äpfel gefüllt. Dazu kann eine Vanillecreme (aus Puddingpulver hergestellt) gereicht werden.

Bananen-Pfirsich-Dessert (2 Port.)

40 g Maizena, 20 g Kakao, 80 g Zucker, $\frac{1}{2}$ l Milch, 1 mittlere Banane, 2 Pfirsiche.

Maizena, Kakao und Zucker werden vermischt und mit etwas kalter Milch versprudelt, in die restliche inzwischen kochende Milch eingerührt und kurz aufwallen gelassen. Die klein geschnittene Banane sowie die gedünsteten, ebenfalls klein geschnittenen Pfirsiche (ohne Haut) werden mit der Maizenamasse vermengt und in eine möglichst hohe Form gefüllt. Der feste, ausgekühlte Fruchtberg wird gestürzt und serviert.

Apfelmus-Gelee (1 Port.)

250 g Apfelmus, 50 g Dextropur, etwas Zitronensaft, 2½ Blatt Gelatine.

In das noch heiße Apfelmus werden Dextropur und die erweichte Gelatine eingerührt bis alles aufgelöst ist. In Formen eingefüllt, wird das Fruchtgelee stokken gelassen. Nach dem Festwerden sollen die Formen in heißes Wasser getaucht und gestürzt werden. Mit kalorienarmem Schlagschaum verziert, wird die Speise zu Tisch gebracht.

Pikantes Haferflocken-Dessert (1 Port.)

3 Eßlöffel Haferflocken werden mit 3 Eßlöffeln Zitronensaft, 3 Eßlöffeln Milch und 3 Eßlöffeln Traubenzucker innig vermischt. In Glasschalen gefüllt, wird das Dessert mit etwas Himbeergelee verziert und serviert.

Schnee-Eier (2 Port.)

70 g Staubzucker, 2 Eiklar, ¼ l Milch.

In den steifen Schnee von 2 Eiklar wird die Hälfte der Zuckermenge eingerührt, der Schnee weiter fest geschlagen und vorsichtig der restliche Zucker unterzogen. Mit einem Löffel werden Nockerln ausgestochen und in kochender Milch je 2—3 Minuten auf beiden Seiten ziehen gelassen. Zu einer Vanillesauce gereicht, schmecken die Schnee-Eier vorzüglich.

Fruchtreis-Schale (2 Port.)

120 g Magertopfen, 60 g Dextropur, 50 g Reis (gekocht und erkaltet), 1 mittlere Banane, 1 mürber Apfel, 1 Zitrone.

Der passierte Topfen wird mit Dextropur, dem gekochten Reis, den Bananenscheibchen und den in etwas Zitronensaft gedünsteten Apfelstückchen vermischt. Zuletzt wird mit Zitronensaft abgeschmeckt und in Glasschälchen die Speise zu Tisch gebracht. Dazu kann Vanillesauce gereicht werden.

Feiner Topfenauflauf (3—4 Port.)

150 g Zucker, 50 g Diät-Margarine, 3 Eier, 500 g Magertopfen, 80 g Maizena, Zitronenschale und Zitronensaft, 250 g mürbe Äpfel.

Margarine wird mit Zucker und den Eiern schaumig gerührt. Der passierte Topfen wird mit Maizena, abgeriebener Zitronenschale sowie etwas Zitronensaft verrührt und zu dem Abtrieb vermengt. Eine mit etwas Butter gefettete Auflaufform wird mit geschälten, entkernten und in dünne Apfelspalten geteilten Äpfeln ausgelegt. Die Topfenmasse wird darüber gegossen und der Auflauf bei guter Mittelhitze etwa 40 Minuten im Backrohr hell gebacken.

Marillen-Melba (2 Port.)

250 g Marillen, ¼ l Wasser, 120 g Traubenzucker, 40 g Maizena, 2 Eiklar.

Die entsteinten, abgezogenen und klein geschnittenen Marillen werden in leicht gezuckertem Zitronenwasser gedünstet und zerdrückt. Maizena wird mit der restlichen Wassermenge versprudelt, in die kochende Fruchtmasse eingerührt und kurz aufwallen gelassen. Die kochendheiße Masse wird mit dem steifen Schnee von 2 Eiklar leicht untermengt und in Glasschalen gefüllt. Mit Biskotten verziert, wird der Nachtisch serviert.

Joghurtcreme (2 Port.)

15 g Maizena, ½ Eidotter, 50 g Zucker, ⅛ l Milch, 1 Eiklar, 1 Päckchen Vanillinzucker, Schale und Saft von einer halben Zitrone, etwa ⅛ l Joghurt.

Maizena, Dotter und Zucker werden mit kalter Milch unter Rühren kurz aufgekocht, Eiklar mit Vanillinzucker zu sehr steifem Schnee geschlagen und die heiße Masse leicht durchgezogen. Die abgeriebene Zitronenschale und Zitronensaft werden dazugegeben und das Ganze überkühlen gelassen. Der Joghurt wird leicht unter die Creme geschlagen, in Gläser gefüllt und serviert.

Vitaminsäfte sind stets aktuell und gesund

Zitronen-Joghurt (1 Port.)

¼ l Joghurt wird mit dem Saft einer halben Zitrone innig vermischt und nach Geschmack mit Traubenzucker gesüßt.

Florida-Drink (1 Port.)

Der Saft von je 1 Orange und Grapefruit wird mit etwas Honig vermischt und mit etwa ⅛ l kohlensäurearmem Mineralwasser aufgefüllt. In Gläser abgefüllt, wird der Vitaminsaft schluckweise getrunken.

Himbeer-Mix (2 Port.)

130 g pürierte Himbeeren werden mit etwa $^{3}/_{8}$ l Leichtmilch (enthält nur 1% Fett) verrührt und 70 g Traubenzucker gesüßt. In Gläser abgefüllt, wird das Getränk mit Strohhalm serviert.

Sanddorn-Vitamingetränk (1—2 Port.)

200 g Buttermilch werden mit 50 g Magertopfen glattgerührt, $1^{1}/_{2}$ Eßlöffel Sanddornsaft ungesüßt dazugegeben und mit etwa 1 Eßlöffel Topigran® gesüßt.

Konditionsdrink (1 Port.)

150 g Buttermilch, 1 Teelöffel Topigran®, $^{1}/_{2}$ Teelöffel Zitronensaft, 1 Teelöffel Keimdiät-Weizenkeime®.

Obgenannte Zutaten werden im Mixer verquirlt.

Orangen-Milch (1 Port.)

130 g frisch gepreßter Orangensaft wird mit etwas Zitronensaft verrührt, mit etwa $^{1}/_{8}$ l Leichtmilch (enthält nur 1% Fett) aufgefüllt und mit Dextropur nach Geschmack gesüßt.

Stärkungssaft (1 Port.)

Der Saft von einer Tomate und Orange wird mit etwas Trauben- oder Apfelsaft verdünnt und mit Dextropur sowie Zitronensaft geschmacklich verfeinert.

Haferflocken-Mix (1 Port.)

25 g Haferflocken, $^{1}/_{8}$ l Milch, 100 g Orangensaft, Traubenzucker nach Bedarf.

Die Haferflocken werden in ein Glas gegeben, Milch und Fruchtsaft dazugerührt und mit Traubenzucker geschmacklich abgerundet.

Sauermilch-Drink (1 Port.)

In ein $^{1}/_{4}$-Liter-Glas wird 1 Eßlöffel Sanddornsaft natur gegeben, mit 30 g Dextropur verrührt und mit Sauermilch aufgefüllt. Gut versprudelt, wird das Getränk schluckweise getrunken.

Grapefruit-Erfrischungsgetränk (2 Port.)

125 g kohlensäurearmes Mineralwasser wird mit 100 g Grapefruitsaft und einer Scheibe Ananas (aus der Dose) im Mixer verquirlt. Nach Geschmack wird mit Traubenzucker gesüßt.

Bananen-Drink (1—2 Port.)

¼ l Milch, 20 g Dextropur, 1 mittlere Banane, Vanillinzucker nach Geschmack, 1 Teelöffel Orangensaft.

Milch, Dextropur und Vanillinzucker werden innig verrührt, die in kleine Stücke geschnittene Banane sowie der Orangensaft dazugegeben und das Ganze kurz im Mixer rotieren gelassen.

Karotten-Mix (1 Port.)

$^1/_8$ l Buttermilch, 100 g Karotten, Zitronensaft nach Geschmack, Piment, 2 gestrichene Eßlöffel Dextropur.

Die gewaschenen, geschabten Karotten werden klein gewürfelt, mit etwas Buttermilch im Mixer zerkleinert, die restliche Milch dazugegeben und das Getränk mit Zitronensaft, Piment sowie Dextropur geschmacklich verfeinert.

Johannisbeer-Erfrischungstrunk (2 Port.)

250 g schwarzer Johannisbeersaft, 100 g Apfelsaft, 1 kleine geschälte Banane, etwas abgekochte kalte Milch.

Johannisbeersaft und Apfelsaft werden mit der klein geschnittenen Banane im Mixer verquirlt, mit Milch geschmacklich verfeinert und in Gläser abgefüllt.

Tomaten-Cocktail (1 Port.)

1 Becher Magerjoghurt, $^1/_8$ l Milch, 1 Eßlöffel Tomatenmark, 1 Eßlöffel Zitronensaft, 20 g Dextropur.

Joghurt wird mit Milch, Tomatenmark und Dextropur vermischt sowie mit Zitronensaft geschmacklich abgerundet. In Gläser abgefüllt, wird das Getränk sofort serviert.

Früchte-Joghurt (1 Port.)

200 g Joghurt, 150 g verlesene Erdbeeren, 1 kleingewürfelte Banane, Saft von 1 Orange, Traubenzucker nach Geschmack.

Joghurt wird mit den übrigen Zutaten im Mixer rotieren gelassen, in Gläser abgefüllt und serviert.

Buttermilch-Frappé (1 Port.)

¼ l Buttermilch, 20 g Zucker, 1 Zitrone, Marillenkompottfrüchte.

Buttermilch wird mit Zitronensaft sowie Zucker im Mixer verquirlt, die Früchte dazugegeben und nochmals kurz durchmischen gelassen. In Fruchtschalen gefüllt, wird das erfrischende Vitamin-Getränk serviert.

Milchgetränk mit Hafermark (1 Port.)

200 g fettarme Milch, 1 gehäufter Eßlöffel Hafermark, 20 g Dextropur, ½ kleiner Apfel, Zitronensaft.

Die Milch wird mit Hafermark, Dextropur, Zitronensaft sowie den geschälten, zerkleinerten Apfelstücken im Mixer gut verschlagen und sofort serviert.

Inhaltsverzeichnis

Seite
Medizinische Einleitung 3
Allgemeine Hinweise für die Diät bei Pankreaseerkrankungen 7
Fettmodifiziertes Kochen durch moderne Kochgeräte 9
Einige Tips für das richtige Kochen von Gemüse zum Vitaminschutz der Nahrung . . 9
Tageskostpläne 9
Rezeptteil 13

Breie

Haferbrei, gesalzen 13
Haferbrei, süß 13
Keks- oder Zwiebackbrei 14
Maizena-Bananenspeise 13
Maizenabrei 14
Obstbrei 14
Reisbrei 14

Suppen

Haferflockensuppe mit Kräutern 16
Haferschleimsuppe 14
Kalbsknochenbouillon mit Eischnee 15
Passierte Karottensuppe 16
Selleriecremesuppe 15
Spargelcremesuppe 15
Tomatensuppe 15
Weißbrotsuppe 15

Auch Zwischenmahlzeiten können abwechslungsreich sein

Apfel-Aufstrich 17
Gemüsebrötchen 16
Johannisbeer-Topfenaufstrich 17
Kalbfleischaufstrich 17
Kalbfleischgelee 18
Kräuteraufstrich 17
Pikanter Rettichtopfen 16
Schinkenaufstrich 17
Sellerie-Topfenaufstrich 17

Verschiedene Hauptgerichte

Kartoffelauflauf mit Schinken 18
Makkaronipudding 19
Reispudding mit Kalbfleischfülle 18

Seite
Semmelpudding 20
Spaghetti-Schinkenauflauf 18
Spinatknöderl 19
Topfengrießknödel 19

Fleisch- und Fischgerichte

Dorschfilet mit Tomaten 24
Einmachkalbfleisch 21
Fisch auf andalusische Art 22
Gedünstete Kabeljauröllchen 23
Gedünstetes Rindfleisch mit Karotten 22
Geflügelhaschee mit Karottenscheibchen . . . 21
Heilbuttschnitte mit Dille 23
Hohn-Eintropfgericht 21
Kabeljaufilet auf Pariser Art 22
Kalbfleischhaschee 20
Kalbfleischknöderl in heller Sauce 21
Kalbschnitzel mit Ananasscheiben garniert . . 20
Kalbssteak mit Spargelspitzen 22
Kräuter-Schollenfilet 23
Seezungenfilet auf englische Art 23
Sellerie-Kalbfleisch 20
Zungenragout 22

Beilagen und Saucen

Bröselknödel 25
Dillsauce 26
Kartoffelschnee 24
Kräutersauce 26
Nockerl 25
Parmesan-Kräuterreis 25
Passierte Spargelsauce 27
Passierte Wurzelsauce 26
Petersiliensauce 25
Pikante Topfenknödel 24
Sellerie-Püree 24
Tomatensauce 26

Gemüsespeisen in bunter Folge

Eingemachte, passierte Kohlrabis 28
Gedünsteter Kochsalat mit Parmesan 27
Gemüse-Reisauflauf 29
Junge Karotten, gedünstet 28
Karfiolauflauf 29
Karottenpüree 28
Kohlrabi-Karottengemüse 27

Seite

Spargelpüree . . . 28
Spinatgemüse, natur . . . 29
Spinat-Soufflé . . . 27

Salate

Endiviensalat mit Joghurt . . . 29
Feiner Gemüsesalat . . . 31
Gemischter Salatteller . . . 30
Karfiol-Bananensalat . . . 30
Karotten-Spargelsalat . . . 30
Makkaroni-Salat . . . 30
Orientalischer Salat . . . 31
Pikanter Geflügelsalat . . . 31
Tomaten-Bananensalat . . . 31

Auch der Nachtisch kann Köstliches für den Gaumen bieten

Apfel-Biskuitauflauf . . . 33
Apfel-Becher . . . 33
Apfelmus-Gelee . . . 35
Apfelschnee . . . 32
Bananen-Pfirsich-Dessert . . . 34
Blitzbiskuit . . . 33
Erdbeergelee . . . 34
Feiner Topfenauflauf . . . 36
Frucht-Püree mit Schlagschaum . . . 32
Fruchtreis-Schale . . . 35
Gefüllte Äpfel . . . 34
Gefüllte Bananen . . . 34

Seite

Grapefruit-Schnee . . . 32
Himbeer-Müsli . . . 33
Joghurtcreme . . . 36
Johannisbeergelee . . . 33
Marillen-Melba . . . 36
Pfirsich-Becher . . . 32
Pikantes Haferflocken-Dessert . . . 35
Sanddorn-Kaltschale . . . 34
Schaumspeise . . . 34
Schnee-Eier . . . 35

Vitmainsäfte sind stets aktuell und gesund

Bananen-Drink . . . 38
Buttermilch-Frappé . . . 39
Früchte-Drink . . . 36
Florida-Joghurt . . . 38
Grapefruit-Erfrischungsgetränk . . . 38
Haferflocken-Mix . . . 37
Himbeer-Mix . . . 37
Johannisbeer-Erfrischungstrunk . . . 38
Karotten-Mix . . . 38
Konditionsdrink . . . 37
Milchgetränk mit Hafermark . . . 39
Orangen-Milch . . . 37
Sanddorn-Vitamingetränk . . . 37
Sauermilch-Drink . . . 37
Stärkungssaft . . . 37
Tomaten-Cocktail . . . 38
Zitronen-Joghurt . . . 36